AF461180

HISTOIRE
DE
TARARE,

Suivie de quelques Réflexions sur l'Opéra du même nom.

Irasci nostro non debes, Cerdo, libello.
Ars tua, non vita est carmine læsa meo.
Innocuos permitte sales; cur ludere jocis
Non liceat, licuit si jugulare tibi?

MARTIAL, Lib. III.

A ORMUZ;

Et se trouve à PARIS,

Chez LEFEVRE, Libraire, rue de l'ancienne Comédie Françoise.

M. DCC. LXXXVII.

A MONSIEUR CARON DE BEAUMARCHAIS.

MONSIEUR,

Je vous dédie mon Ouvrage, parce qu'il est le vôtre.. Vous l'avez enfanté assez péniblement; je l'ai, sans façon, *élevé à sa* juste hauteur.

Mon plus grand mérite en ceci est d'avoir deviné un joli Conte dans l'Opéra de Tarare, *malgré la prévention qui a nui à ce dernier, lequel est un fort bel Ouvrage, mais un peu* ridicule sur le premier Théâtre de l'Europe.

Vous m'avez aidé, Monsieur, *à donner aux François une idée* du Roman critique *tel que je l'ai toujours conçu*, c'est-à-dire, l'art de tirer les abſurdités, les incohérences, les phraſes incongrues de l'ouvrage même de l'Auteur. *Si ma Brochure a du ſuccès, je vous le devrai tout entier ;* & lorſque *votre modeſtie vous fera dire par-tout que* vous en êtes le créateur, je mettrai ma gloire à ſuivre vos traces. Je ſerai *votre Poëte* : ſi vous donnez des freres à Tarare, vous en aurez beſoin. Quant *à votre ami*, je ne ſuis ni aſſez *vertueux*, ni aſſez modeſte pour l'être.

CARRÉ DE BELLEVILLE.

HISTOIRE
DE
TARARE.

LA Confusion, Déesse qui pour n'être pas dans la Mythologie n'en gouverne pas moins la Terre, avoit brouillé tous les Elémens. Les Nuages *se déchiroient*, & *les Vents formoient en tourbillonnant* des quadrilles d'une grande beauté, *& des danses de la plus violente agitation.* L'Imagination en délire préparoit les œuvres les plus bisarres & les moins intéressantes. Pour éluder la difficulté de peindre les passions, le demi-talent se jettoit dans les choses extraordinaires. On se disposoit à nous montrer les scènes les plus bizarres sans être neuves, lorsqu'une Dame tenant comme les Fées, *une baguette à la main*, *ornée de tous les attributs qui la caractérisent*, *dit impérieusement :*

C'est assez troubler l'Univers,
Vents furieux, cessez d'agiter l'Air & l'Onde;

on ne ſait pourquoi vous faites tout ce tapage, cela ne reſſemble à rien.

C'eſt aſſez, reprenez vos fers.
Que le ſeul Zéphir *regne au monde.*

Juſqu'ici on avoit renfermé les Vents dans des outres, mais on ne les avoit point chargés de chaînes. Ils obéiſſent *en ſe précipitant dans les nuages inférieurs*, & abandonnent les Airs au Zéphir *qui rend tout harmonieux*. Autrefois il calmoit les tempêtes, il rafraîchiſſoit le ſein de la terre, il eſt aujourd'hui le Dieu de l'Harmonie.

Le Génie du Feu étonné de ce qui ſe paſſoit ſur le globe, deſcend de ſon char, c'eſt-à-dire d'un Nuage brillant, & vient cauſer d'amitié avec la Nature. D'une des fenêtres du Palais du Soleil il *l'avoit vu*

Diſpoſer ſur la Terre un ſuperbe appareil.

Elle confie ſes projets à ce *Génie ardent*, & dit:

Des générations paſſées,
Dans l'immenſité diſperſées,
Je raſſemble les Elémens,

En bonne ménagere, en femme d'ordre,

Pour en former une race prochaine
De la riſible eſpece humaine,
Aux dépens des êtres vivans.

La Nature s'exprima peu correctement; au lieu de *prochaine*, elle vouloit dire approchante. Le Génie avoit bien quelqu'envie de lui demander ce qu'elle entendoit par des êtres vivans. Mais il craignit de faire une épigramme, de l'embarrasser, & s'informa tout simplement si elle *exerçoit sur les individus le pouvoir absolu qu'elle avoit sur l'espece. Ce seroit bon*, répondit elle, *si je descendois à quelques soins perdus. Mais qu'est une parcelle à travers ces foules d'humains que je répands sur la terre à pleines mains pour naître, briller, disparoître, tenir les courts flambeaux d'une existence éphémere.*

Le Génie du Feu qui avoit toujours vu la Nature majestueuse dans son Air, mais simple & noble dans ses expressions, ne la reconnut pas à ce jargon maniéré & inintelligible. Il passe à d'autres questions; & veut savoir *si pour former les Grands d'un Empire, elle n'emploie pas des Elémens plus purs?* La Nature répond qu'*un noble orgueil les en rend presque sûrs, & qu'il faut bien en sourire.* Puis elle se met à travailler *sans choix & sans mesure*, fait une conjuration, évoque *les humains non encore vivans & froids quoiqu'ils n'existent pas.* Sa sorcellerie produit une foule d'*Ombres des deux sexes, qui forment des danses froides & lentes en marquant la plus vive émotion.* Ces Ombres masculines & féminines *ont des cœurs épanouis* comme des roses. L'une d'entr'elles s'écrie :

> D'un plaisir vague je soupire :
> Je veux l'exprimer, je ne puis.
> En jouissant je sens que je desire ;
> En desirant je sens que je jouis.

On voit que la Nature forma leur cœur aux dépens de leur esprit. Aussi le Génie du Feu qui vraisemblablement faisoit peu de cas des madrigaux, va toujours questionnant.

> *Privés des doux liens que donne la naissance*,
> Quels seront leurs rangs & les soins ?
> Et comment pourvoir aux besoins
> *D'une aussi soudaine croissance ?*

Je ne sais si la Nature trouva la question ridicule ou ridiculement énoncée, elle n'y satisfit pas. Alors le Génie prend le parti de s'adresser aux Ombres mêmes.

> Qu'êtes-vous ? & que demandez-vous ?

UNE OMBRE.

> Nous ne demandons pas ; nous sommes.

LE GÉNIE.

> Qui vous a mis au rang des hommes ?

UNE AUTRE OMBRE.

Qui l'a voulu ; que nous importe à nous ?

Comment le Génie du Feu peut-il faire des queſtions auſſi déplacées ? Ces Ombres ſi *froïdes*, ſi *ignorantes*, ne ſont pas au rang des hommes, ou ce ne ſont plus des Ombres. Il en interroge trois, *femelles*. L'une aſpire à la beauté ; l'autre ne veut que dominer ; & la troiſieme ne ſoupire qu'après le bonheur d'être aimée. La Nature complaiſante lui promet qu'elle le ſera ſous le nom d'*Aſtaſie*, & qu'un nommé *Tarare* l'épouſera. L'Ombre incrédule, au lieu d'exprimer ſa reconnoiſſance, répond groſſiérement :

Je n'en ſais rien.

LA NATURE.

Moi, je le ſais pour toi.

Le Génie ayant apperçu deux Ombres *ſuperbes*, *taciturnes* & *ſombres*, s'informe de leur future deſtinée. La Nature offre de faire un Roi de l'une, & de l'autre un Soldat. On leur demande lequel veut être Roi ; & comme ſi des Ombres ſavoient ce que c'eſt qu'un Roi, elles répondent toutes deux enſemble :

Je ne m'y ſens aucun empreſſement.

Les autres, qui ne peuvent connoître que l'égalité, se prosternent, tandis que le Génie du Feu impose les mains sur l'une des deux Ombres, en disant :

> Sois l'Empereur Atar ; despote de l'Asie,
> Regne à ton gré dans le Palais d'Ormus.

Et ce qui est vraiment plaisant, est de lui voir faire la même cérémonie sur l'autre Ombre.

> Et toi, Soldat formé de parens inconnus,
> Gémis long-tems de notre fantaisie.

Depuis qu'on a mis des Génies sur la Scene ou dans les Romans, en fut-il jamais d'aussi imbécille que celui-ci ? Premierement, il sacre un Soldat comme un Roi ; il lui dit qu'il est formé de parens inconnus. Est-ce que toutes ces Ombres avoient d'autres parens que la Nature ? L'Empereur Atar descendoit-il d'une illustre famille ? Que signifie enfin *gémir d'une fantaisie ?*

> Le premier qui fut Roi fut un Soldat heureux.

La Nature ne s'entend plus elle-même lorsqu'elle le baptise :

> Vous l'avez fait Soldat, mais n'allez pas plus loin.
> C'est Tarare. Bientôt vous serez le témoin
> *De leur dissemblance future.*

Ces Ombres ont bonne grace de venir supplier

que *rien n'altere leur touchante égalité!* Elles l'ont abjurée en se prosternant devant le Roi d'Ormus.

La Nature *précipite dans le néant les futurs mortels.* Que posséderont-ils de plus lorsqu'ils seront vivans? Ils ont dès ce moment le sentiment, la pensée, la connoissance de notre globe, & de ce que nous appellons le bonheur.

La Nature & le Génie retournent par leurs nuages je ne sais où, en disant:

Et nous dont l'essence profonde
Dévore l'espace & le tems,
Laissons en un clin-d'œil écouler quarante ans;
Et voyons-les agir sur la scene du monde.

Quelques amis de M. de Beaumarchais tiennent ce Prologue philosophique pour un chef-d'œuvre, & disent qu'il ne faut pas examiner un Poëme lyrique comme un Traité. Cela est incontestable. Mais la *Nature* & le *Génie* du Feu devoient parler un langage sublime, & répandre parmi nous ces grandes idées qui se gravent à jamais dans les esprits. Qu'est-ce que l'*éternelle sagesse qui crée l'immortel amour*, & veut que *l'être sensible obtienne le jour par son ivresse?* Qu'est-ce *qu'un but égaré?* En quoi *l'instinct peut-il compromettre une Ombre?* Il n'y a dans ce galimathias ni penſées, ni ſtyle, ni ſentimens, ni tableaux. C'eſt l'ouvrage d'un Ecolier qui n'aura jamais de talent.

Paſſons à l'Opéra ; & voyons comment ſe conduiront ſur la ſcene du monde ce Roi fait à la hâte, le Soldat Indien, & la belle de quarante ans. La ſcene eſt un peu par-tout : dans le Palais d'Arar, dans le Temple de Brama, ſur la Place de la ville d'Ormus ; en Aſie, près du Golfe Perſique.

Déjà la fureur *égare* le nouveau Roi contre ſon Soldat Tarare. Il dit à Calpigi, Chef des Eunuques :

> Tarare ! encore Tarare ! un nom abject & bas
> *Pour ton organe impur* a donc bien des appas ?

Ce Soldat ſi durement traité eſt cependant le Chef de la Milice, & a ſauvé la vie à ſon Maître, qui a oublié ce ſervice, & ne peut ſouffrir *qu'il ſoit toujours heureux quand lui-même ne l'eſt pas ;* qu'il n'ait qu'une femme & qu'il l'adore. Pour punir ce double attentat, il charge le fils du Grand-Prêtre d'aller *dévaſter le réduit de Tarare, & d'enlever ſon Aſtaſie.* Calpigi, fort mauvais courtiſan, irrite encore l'Empereur.

> Il eſt vrai : ſon nom adoré
> *Dans la bouche de tout le monde*

Eſt un proverbe révéré.
Parle-t-on des fureurs de l'onde,
Ou du fléau le plus fatal?
Tarare *eſt l'écho général.*
Comme ſi ce nom ſecourable
Eloignoit, *rendoit incroyable*
Le mal, hélas! le plus certain.

Atar fatigué de tant de ſottiſes, l'apoſtrophe noblement :

Finiras-tu, mépriſable Chrétien?
Eunuque vil & déteſtable?

Altamort, fils du Grand-Prêtre, vient rendre compte de ſes exploits. Aſtaſie a été enlevée *ſans qu'on l'ait apperçu, ſans qu'elle ait deviné qui la vouloit.* Ce Monſieur étoit expert en perfidies avec les femmes. Auſſi remplit-il les ordres de ſon Maître, qui le nomma Viſir. Déjà ce Prince a ordonné une fête *pour enivrer ſa conquête.*

Ce *miracle des Beautés de l'Aſie* paroît, portée par quatre Eſclaves noirs, au milieu des Dames & des Chanteurs du ſerrail. Dès qu'elle ſe voit dans le palais d'Atar elle s'écrie :

Et c'eſt la récompenſe,
O mon époux! de ta fidélité.

ATAR.

Mes bienfaits *laveront* cette légère offenſe.

En effet, être ravie, insultée, c'est une bagatelle. Elle invoque Brama, Dieu sourd & non *vengeur* Alors elle s'évanouit. La vue d'une femme qui se trouve mal fait dire à Calpigi :

Quel effrayant transport !

Un Esclave attendri s'avance, chantant :

Le voile de la mort a couvert sa paupiere.

Pour prix de sa compassion, Atar le poignarde, & le cadavre sanglant est le premier objet qui frappe la vue d'Astasie revenant de sa foiblesse. Il lui donne pour Dame d'honneur une Esclave, Spinette, intrigante, qui sait parfaitement

Comment il faut réduire *un cœur né scrupuleux.*

Elle court vaquer à son nouvel office, lorsque le Capitaine des Gardes, Urson, vient annoncer qu'un Guerrier, *du peuple la merveille, pleure.*

A T AR.

Tu dis qu'il pleure, qu'il soupire ?

U R S O N.

Ses traits en sont presqu'effacés.

A T A R.

Urson, qu'il entre. C'est assez :
Il est malheureux.... Je respire.

Comment a-t-on osé présenter à une nation polie & dont les mœurs sont douces, un monstre aussi gratuitement odieux? Les Néron, les Tibere n'ont jamais laissé voir un caractere aussi abominable.

Ce Guerrier pleurant est le Chef de la Milice, c'est Tarare demandant justice contre un avare Corsaire qui a mis le feu à sa maison & *ravagé son jardin*. Atar répare ce malheur par le don *d'un palais d'ivoire & d'ébene*. Il y joint pour le consoler cent femmes de Circassie *pleines de pudeur*.

Tarare n'avoit pas tout dit: la reconnoissance le rend confiant, & il avoue que le Corsaire a aussi emmené Astasie. Le Roi perfide, *avec un signe d'intelligence*.

Quelle est cette femme, Altamort?

ALTAMORT.

Quelque Esclave jeune & jolie.

TARARE.

Une Esclave! une Esclave! Excuse, ô Roi d'Ormus!
A ce nom odieux tous mes sens sont émus.

Dans son indignation il chante la Romance la plus tendre, & telle que jadis on en entendoit sur les bords du Lignon. En vain l'Empereur lui rappelle qu'il est indigne d'un Soldat de pleurer une femme; il veut courir après, & demande *un léger vaiſſeau de tranſport qui déployant ſes aîles*, *le menera* chez l'avare Corſaire. Je ne crois pas qu'il ſoit poſſible de faire un Roi plus plattement fourbe, un Confident plus gauche, & un Amoureux plus imbécille.

Pendant ces débats Calpigi vient annoncer qu'une certaine Irza, *jadis ſi chere à l'amour* du Roi, eſt rendue à la clarté du jour. Tarare *exalté* croit que cette nouvelle va rendre le Sultan généreux. Il ſe ſera en effet ſi Tarare peut *ſouhaiter que cette Irza cède à ſes vœux.* Nouvel Idoménée : le Soldat eſt prêt à prononcer le vœu fatal, lorſque Calpigi lui fait ſigne d'y mettre des reſtrictions. Alors :

> Rends, Irza, rends mon Maître heureux.....
> Si tu le peux ſans être criminelle.

De ce moment l'Empereur donne, non un *léger vaiſſeau*, mais une eſcadre : il ordonne tout bas à celui qui la commandera de noyer ce nouveau Ménélas, & d'après ce beau plan, il ſe réjouit de *ce que la mer eſt chargée des funérailles* de Tarare, & de ce qu'il pourra tout à ſon aiſe *ſécher les pleurs de ſa Belle.*

Le Grand-Prêtre lui fait demander un entretien ſecret, qui ſe paſſe devant deux cents perſonnes.

C'eſt pour lui apprendre *que les Sauvages d'un autre monde* menacent ſon pays. D'abord il vouloit les mépriſer. Cependant il lui paroît plus sûr de prendre l'avis des Dieux. Ils penſent qu'il faut *combattre*, *tout abattre*, & donner à *l'armée un Commandant*. Les Brames ſont plaiſans, dit Atar; ils n'oſent tuer un poulet, & aiment à voir couler des flots de ſang humain. Alors le Grand Prêtre Arthenée revèle le ſecret de l'école :

> Brame & Soudan doivent en freres
> Soutenir leur autorité.
> Tant qu'ils s'accordent bien enſemble,
> Que l'Eſclave auſſi garroté,
> Souffre, obéit, & croit, & tremble,
> Le pouvoir eſt en ſûreté.

Cette confidence produit ſon effet. Atar donne le commandement des troupes au fils du Grand-Prêtre, ce même Altamort qui devoit aller noyer Tarare, & qui n'aguère étoit Chef d'Eſcadre.

Le Grand-Prêtre cependant eſt un peu inquiet de ce Tarare. Atar le raſſure en lui diſant qu'il eſt mort ou autant vaut :

> Oui, demain, j'ordonne qu'il périſſe.

Les Prêtres en ſont pour les crimes prudens. Arthenée ne partage qu'avec peine la ſécurité du Roi. Cependant il compte

> L'inſinuer aux enfans des Augures

le nom de ſon fils; déjà il le voit chef de l'armée, il ſe livre à des tranſports d'allégreſſe, parce que,

> Quand les Rois craignent,
> Les Brames regnent.

Au milieu de ſa chanſon il voit arriver Tarare, & rentre dans ſon Temple. Calpigi *couvert d'une cape* vient trahir ſon Maître, & apprendre au *Soldat* que la femme qu'il va chercher *ſur l'océan d'Aſie* eſt dans le ſerrail, & que s'il veut l'enlever, *une échelle inviſible de ſoie favoriſera ſon courage inflexible.* Les bruits, qui viennent toujours fort à propos abréger les confidences, les avertiſſent de ſe ſéparer. Ce mouvement étoit occaſionné par le Grand-Prêtre, aſſemblant ſon monde; il a un entretien avec le jeune Elamir. Je prouverois que cette ſcene eſt imitée, ſi une voix ſecrette ne me défendoit de rappeller le chef-d'œuvre du Théâtre, à l'occaſion d'une farce lyrique qui en eſt la honte & le déshonneur.

Déjà paroît Atar ſuivi de ſa Cour, du Peuple & des Soldats. Il vient entendre les volontés du Ciel, Elamir élevé ſur un pavois va en être l'interprête:

> Le Ciel inſpiroit Altamort;
> *Tarare* eſt ſorti de ſa bouche.

Ex ore infantium veritas. Le Peuple & les Soldats

Soldats répetent ce nom avec enthousiasme, & reconnoissent dans ce choix l'équité, la sagesse & la bonté des Dieux. Atar se leve comme s'il vouloit dire les Dieux ne savent ce qu'ils font; Tarare a d'autre besogne. Mais *mettant la main sur sa poitrine*, le Héros crie :

> Seigneur, je remplirai ce double engagement
> De la vengeance & du commandement.

Atar qui joue-là un fort triste rôle a raison de vouloir s'en aller. Altamort *le retient un moment* pour le rendre témoin d'une dispute de crocheteurs, au milieu de laquelle Altamort dégaine. Tarare jouant l'homme froid, dit :

> Le Guerrier en colere, est mort.

Arthenée jusques-là spectateur indulgent, s'appercevant enfin qu'on fait de son *Temple une arene*, avertit qu'il prendra de l'humeur. La querelle s'appaise; Tarare donne deux rendez-vous, l'un à Altamort pour se voir de près; l'autre à Calpigi *au verger du serrail.* Atar qui depuis un quart-d'heure ne dit rien, *remet à Tarare le bâton de commandement.* Si c'est pour cela qu'Altamort l'avoit retenu, il est trop généreux.

Calpigi trouve au rendez-vous l'Empereur. Impatient de voir commencer la fête, il est dans les jardins avec les Jardiniers & les Boſtangis *qui allument.*

Du bruit autour d'Irza ; qu'on danſe & c'eſt aſſez.

Pendant que Calpigi accélere ſes préparatifs, Atar prie ſon Capitaine des Gardes de lui conter *promptement, le détail & l'événement de leur combat à toute outrance.* Il s'agit de Tarare & d'Altamort. Le duel eſt longuement raconté. Tarare vainqueur & généreux fait grace à ſon adverſaire, parce que, comme l'on ſait :

Le droit de donner la mort
Eſt celui d'accorder la vie.

Le Roi qui voudroit profiter de *ce crime opportun*, ordonne que *cette affreuſe image ſe diſſipe comme un nuage*, parce qu'on va *donner une fête européane* à ſon Aſtaſie. Les divertiſſemens ſont exécutés par des *Bergers de Cour, des Bergeres coquettes ou ſenſibles, des Vieillards de Cour, des jeunes-gens fatigués ſe mouvant à peine devant de vieilles coquettes.* Il y a, comme l'on voit, de l'eſprit juſques dans la danſe, & par-tout, excepté dans les couplets où l'on dit qu'il faut *ſavoir bruſquer un doux moment :*

Que les tendres ſoins
Sont pour les foins,
Et leur amour pour la pâture.

Aſtaſie que cette fête excede, a bien la reſſource de mettre ſon mouchoir ſur ſes yeux. Mieux vaudroit qu'elle pût ſe boucher les oreilles. Malgré les talens des meilleurs Danſeurs proſtitués dans cette fête, je ne crois pas qu'il y ait rien de plus triſtement ennuyeux.

Atar même depuis une demi-heure s'endormoit auprès de ſa bien-aimée, lorſqu'à propos de rien il lui *attache au front un diadême de diamans*, & la danſe recommence comme de plus belle. Enfin, l'on apporte le ſorbet. Les Rois aiment les plaiſirs, mais ils les aiment courts, comme diſoit Voltaire au Roi Staniſlas. La grande façon de les amuſer eſt de leur faire des contes. Calpigi, Intendant des Menus, eſt encore chargé de conter. Il *prend une mandoline & chante ſur le ton de la Barcariole.* Alors le ſerrail eſt changé en guinguette: Calpigi rappelle Figaro; une lueur de gaieté ranime le ſpectateur fatigué; on entend des couplets libres: c'eſt le moment où l'on eſt tenté de crier: L'Auteur, l'Auteur; on le retrouve *au pied du chalit; il eſt-là tout comme ici.*

Calpigi par malheur finit un couplet par ce mot *Tarare.* A ce nom le Sultan entre en fureur, renverſe la table. Aſtaſie ſe trouve mal; on l'emporte: le ſerrail effrayé s'enfuit en déſordre. Un peu avant ce tintamarre Tarare étoit deſcendu par une échelle *visible* de soie & un poignard à la main : il alloit frapper Calpigi qui l'entraînoit, & fort à propos se fait reconnoître.

Alors le Héros dont les *vêtemens sont mouillés d'algues impurs*, commence un récit épique :

> Au sein de la profonde mer,
> Seul dans une barque fragile !
> Aucun trouble n'agitant l'air,
> Je sillonnois l'onde tranquille.
> Des avirons le monotone bruit
> Au loin distingué dans la nuit, &c.

Il alloit être pris lorsqu'il se fraye *sous les vaisseaux une route* assurément très-*nouvelle*, *qui le fit arriver à terre entre deux eaux. La cloche du béfroi augmente son effroi.* Heureusement il *avoit des aîles*, & sur-tout une échelle *souple & tendue.* Aussi pendant *qu'on le cherchoit au pied il étoit en l'air.* C'étoit déjà trop imprudent de faire un long récit dans un lieu où la mort veille sur les indiscrets. Calpigi cache le plus brave des Guerriers sous un habit d'Esclave, & lui observe que *sous le masque un mot est un forfait ;* il vouloit dire une imprudence. Ils avancent vers l'appartement d'Astasie, lorsqu'ils apperçoivent *les brodequins* de l'Empereur. L'Auteur où le Poëte a pris cette scene dit que c'étoit des pantoufles. Sans doute il étoit allé en bonne fortune chez la Belle. Tarare dont l'imagination jalouſe voit les dangers d'une pareille viſite ſe met à crier de toutes ſes forces : Brama, Brama. Calpigi lui ferme la bouche faiſant entendre qu'il vaut mieux être C. . . . qu'empalé.

Atar ſort de chez Aſtaſie. Tarare prend la poſture des Muets, c'eſt-à-dire, *tombe la face contre terre.* Le Sultan raconte à Calpigi qu'il étoit entré chez Irza pour *l'honorer de quelques bontés & ſoupirer l'amour auprès d'elle*, lorſqu'elle s'aviſe de repouſſer ſes feux & de mépriſer les plus brillantes diſpoſitions. Il vouloit la tuer pour la rendre moins cruelle. Mais d'autres projets l'agitent. Il lui prend envie *de couper la tête au malheureux Negre abject & nud, de le défigurer tout-à-fait*, & de faire croire à la malheureuſe Aſtaſie que c'eſt celle de ſon époux. Calpigi lui montre l'extravagance d'un pareil projet : il en convient, & paſſe à une autre idée ; c'eſt de la donner pour femme *au vil Muet* qu'il a ſous les yeux. A l'inſtant *il doit être conduit à ſon lit, & paſſer avec elle la nuit.* Voici comment l'Auteur des Contes des Génies a préſenté le même tableau : & puiſque M. de Beaumarchais lui emprunte ſes idées, il devoit bien lui voler ſes expreſſions décentes & le voile dont il a couvert cette ſcene révoltante. « Puiſque cet Eſclave eſt

» malade, je lui donne *Kala-frade* pour garde, (Kala-frade étoit l'Irza d'Amurath) » Faites-le » entrer d'abord dans son appartement. La belle » précieuse dédaigne constamment mon amour. » Les caresses du fils d'Othmann dégoûtent l'Esclave » de Sadach. Il faut la servir selon son goût. Faites » mettre ce Muet sur le sopha de *Kala-frade*; » qu'elle s'imagine que c'est son amant, qu'elle le » reçoive dans ses bras, qu'elle l'appelle son bien-» aimé, son Maître, jusqu'à ce que le jour lui » apprenne comment je punis ses dédains ».

Rapprochons de cette prose les vers de l'imitateur.

Je pense au plaisir que j'aurai,
Superbe ! quand je te verrai
Au sort d'un vieux Nègre liée,
Et par cent cris humiliée !

Tarare a tout entendu; mais on verra qu'il n'en profite pas pour mettre un terme à ses maux.

Pendant cet affreux projet, Astasie s'abandonnoit à ses douleurs. Tous les efforts de Spinette ne la consoloient pas; sa maîtresse d'un mot expressif la faisoit taire :

Ah ! vous n'avea pas eu Tarare pour Amant !

Telle autrefois la Pucelle dans une occasion à peu-près semblable s'écria :

Ah ! s'il t'avoit aimée !

La fausse Irza recommence ses lamentations, à l'arrivée du *Ministre insolent* d'Atar, qui vient annoncer qu'elle doit *recevoir la loi d'un nouvel époux* que le Sultan lui donne. Spinette l'apostrophe ainsi :

Commandant d'un Corps ridicule !
Abrège-nous ton grave préambule.
Ce nouvel époux quel est-il ?

CALPIGI.

C'est du serrail le muet le plus vil.

D'autres observeront que c'est le Commandant & non le Corps des Odalisques qui est ridicule; mais je demanderai comment il se peut faire que ce Calpigi qui a exposé ses jours pour Tarare, qui s'est déguisé avec une *cape* pour tromper le Sultan, ne sauve pas Astasie de cette nouvelle barbarie en lui disant un seul mot. Indignement trompée, elle n'imagine rien de mieux que de mettre Spinette à sa place. Tarare lui est amené par Calpigi ; mais à la première vue il dit :

Grands Dieux ! ce n'est point Astasie,
Et mon cœur alloit s'exhaler !
De m'être abstenu de parler,
O Brama ! je te remercie.

Spinette veut le féduire, & l'affure qu'il fera Tarare pour elle; mais il répond :

Eft-ce un fonge, ô Brama ! veillé-je?
Tout ce que j'entens me confond.
Atar, *toi que la haine affiége*,
M'as-tu conduit de piége en piége,
Dans un abîme auffi profond?

Des Soldats viennent l'arrêter. Le capitaine Urfon leur fait doubler le pas. Bataille entre le Capitaine des Gardes & l'Intendant des Jardins, Calpigi. Un *chœur douloureux* de Soldats fe fait entendre. Tarare eft arrêté par ceux d'Urfon : jufqu'à ce moment Urfon avoit été fidèle au roi d'Ormus; mais il chante :

Tarare infortuné! qui peut le défarmer?
Nos larmes, contre toi, vont encore l'animer!

L'Empereur inftruit que fon nouveau prifonnier n'eft rien moins que Tarare, fait dreffer un bûcher dans *une cour intérieure de fon palais*: Il vient contempler avec plaifir les maffues, les haches, le billot, & autres inftrumens du fupplice; il veut l'immoler avec *le fer fouple* des loix. Pour embellir la fête, il voudroit *encore tenir Calpigi :* il envoye chercher le Grand-Prêtre, & lui confie le fait.

Je tiens la victime enchaînée,

Et veux que par toi-même elle ſoit condamnée.
Dis un mot, le trépas l'attend.

ARTHENÉE.

Sans avoir l'air de le connoître,
Il falloit poignarder le traître.

ATAR.

Quel démon, quel Dieu le protege?
Tout me confond de cette part.

ARTHENÉE.

Son démon, c'eſt une ame forte,
Un cœur ſenſible & généreux,
Que tout émeut, *que rien n'emporte ;*
Un tel homme eſt bien dangereux !

Tarare enchaîné demande la mort, *juſte ou non ;* mais ſoutient que l'Irza du ſerrail n'eſt point ſon Aſtaſie, & que ſans doute Altamort, *par une double trahiſon, l'aura ravie au ſéjour champêtre* ſans la donner à ſon patron. Atar entre en fureur, fait venir Aſtaſie, apprend pourquoi Spinette lui a été ſubſtituée ; & vîte la mort. Arrivent deux files de Prêtres & la banniere blanche, & la noire, & le livre de la loi : les deux Epoux ſont condamnés. Aſtaſie prie ſon compagnon de malheur de ne pas lui imputer ſa mort. Tarare reconnoît ſa voix ; ils s'embraſſent & attendent la mort ſans effroi, & ſemblent l'invoquer.

Le Tyran brave leurs larmes, & ſuſpendant l'activité des bourreaux :

Non.... C'eſt trop tôt briſer leurs chaînes;
Ils ſeroient heureux de mourir.
Ah! je me ſens *altéré de leurs peines*,
Et j'ai *ſoif de les voir ſouffrir*.

Malgré ſa colere, ils s'embraſſent encore à ſes yeux. Il ordonne *que lui meure & qu'elle vive;* mais comme on lui avoit heureuſement laiſſé un poignard, elle l'*approche de ſon ſein*, & menace de l'enfoncer tout de bon *ſi quelqu'un fait un pas*. Alors Atar s'écrie :

C'eſt moi, c'eſt moi qui lutte.

Les Soldats révoltés entrent; ils veulent empaler le Sultan; mais *Tarare* les harangue avec ce beau vers,

Armes bas, furieux! votre Empereur vous caſſe.

Hélas! il n'y penſoit pas; car voyant tout ce tapage, il ſe poignarde & tombe mort dans les bras des Eunuques. On veut couronner Tarare qui refuſe; il aime mieux ſa mie, oh gué! il aime mieux ſa mie!

Cependant Arthenée prend le diadême des

mains d'Urſon', & couronne bon-gré malgré le meurtrier de ſon fils. Urſon prend la parole :

Non, par mes mains le Peuple entier,
Te fait ſon noble priſonnier :
Il veut que de l'Etat tu ſaiſiſſes les rênes.
Si tu rejettois notre foi ;
Nous abuſerions de tes chaînes,
Pour te couronner malgré toi.

Que la réponſe de Tarare eſt noble & pleine de dignité !

Enfans ! vous m'y forcez. Je garderai ces fers.
Ils ſeront à jamais ma royale ceinture.

Il s'enveloppe le corps de ſes chaînes. **Des** *mouvemens d'une joie effrenée, ſort une danſe tumultueuſe : la muſique reprend un caractere aérien.*

Les Spectateurs ravis demandent l'Auteur ; il refuſe de paroître : mais à ſa place la Nature ſe montre, ſans doute pour recevoir les complimens ſur le caractere d'Atar, & ſur les belles choſes qu'ont dit & fait ſes Ombres. Etant dans les nuages avec ſon *Amant ſtérile*, le Génie du Feu, ils diſent :

Mortel, qui que tu ſois, Prince, Brame ou Soldat ;
Homme ! ta grandeur ſur la terre,

N'appartient point à ton état ;
Elle eſt toute à ton caractere.

Sonnez, trompettes ; *ils diſparoiſſent ; la toile tombe*, & la Pièce auſſi : mais ce qui ne tombe pas, c'eſt la Muſique, c'eſt la Danſe, ce ſont les décorations.

Si la Nature n'avoit pas diſparu ſi promptement, on lui auroit demandé pourquoi elle permet qu'un ſeul être réuniſſe les vices de vingt ſiècles, & pourquoi elle fait un Roi de ce monſtre ?

Telle eſt l'Œuvre lyrique annoncée depuis ſix ans. Cherchons, ſans prévention, le genre de mérite qu'elle peut avoir.

La marche du Poëme eſt laborieuſe, confuſe, traînante, malgré la quantité d'incidens qui s'y mêlent pour la rendre rapide.

Les perſonnages ſont ſans intérêt ou odieux. Si ce Soldat avoit mérité l'eſtime & l'admiration par quelques grands traits de courage ou de généroſité, le Spectateur l'auroit ſuivi avec intérêt dans ſa carriere ; mais tout ce qu'on ſait, c'eſt *qu'à travers le torrent d'Arſace*, il a ſauvé le trépas à l'Empereur. Une action de ce genre, peut être l'effet d'un haſard heureux comme d'une rare magnanimité ; & lorſqu'elle eſt ſeulement rappellée, elle n'établit pas un caractere.

Ce principal perſonnage eſt ſans attrait; il n'eſt point aimable; il ne dit pas ce qui touche & ce qui plaît.

Son Aſtaſie pleure toujours, c'eſt une bonne femme répétant des lieux communs; ſans eſprit, ſans graces; montrant un peu de fermeté à la fin, mais dans un moment où cette fermeté eſt l'ouvrage des circonſtances.

Arthenée eſt une pauvre eſpèce d'ambitieux; il ne reſſemble guère à ſes confreres: ils agiſſent & taiſent leur maxime; lui, révèle ſes odieux principes & n'agit pas.

Altamort eſt un de ces hommes ſans talent comme ſans caractere, dont on ſe ſert pour l'exécution d'un crime ou d'un projet vertueux. Il eſt un genre de commiſſion qu'on ne donne qu'à certaines gens: celle d'enlever une femme, par exemple, fixe l'idée qu'on doit prendre de l'homme qui l'accepte.

Atar n'eſt pas un homme; c'eſt un être féroce, bas, inconſéquent, imbécille, enragé, barbare, ennuyeux.

Spinette eſt une fille de la rue Saint-Honoré; Calpigi, un eſpion de police qui a des remords.

Si des perſonnages de ce caractere diſent ce

qu'ils doivent dire, c'eſt la plus mauvaiſe compagnie poſſible ; s'ils ne le diſent pas, rien de plus froid & de plus fatiguant. Le Prologue entre le Génie du Feu & la Nature, élève l'eſprit à des idées philoſophiques; le Spectateur ſe prépare à de grands effets, il s'attend à voir un Guerrier enchaînant la victoire, & un Roi tracer le modèle d'un gouvernement ſage. Non, il s'agit d'enlever une femme; de Barcatiole; de la France, où tout eſt bien pourvu qu'on danſe (c'étoit ainſi dans le Poëme lu aux Amateurs); des Vieillards de Cour; d'un amphigouri indigne de la ſcene où il eſt repréſenté, indigne des talens qui le repréſentent, indigne des Spectateurs trompés, indigne du Muſicien célebre ſéduit.

Suppoſons que plus indulgens, nous paſſions ſur le ſujet & la conſtruction du Poëme, au moins faudroit-il trouver une débauche d'eſprit, une aimable folie, comme dans les deux premiers actes du Mariage de Figaro, cette gaieté piquante, en faveur de laquelle on pardonne tant de choſes. Mais dans ce mortel Opéra, tout eſt révoltant ou ennuyeux. Parmi les défauts de ſtyle réunis dans cet Ouvrage, il en eſt un plus inſupportable que tous les autres, c'eſt de ne jamais exprimer ce qu'on veut dire.

Lorſqu'Aſtaſie revient de ſon évanouiſſement, Atar dit :

Je ſuis heureux, *vous êtes ranimée.*

TARARE.

A mes maux *deviens acceſſible.*

ATAR.

Tu viens d'entendre ſon ſerment;
Il touche à plus d'une exiſtence.
. . . .

Urſon, que nul ſujet,
Dans cette agréable journée,
D'un ſeul refus d'Atar n'emporte le regret.
. . . . : . . . .

De ſoie une échelle inviſible,
Tendue à l'angle d'un verger.
. . . .

Par l'Enfant, Tarare indiqué,
N'eſt *point un haſard ſans myſtere.*

Dans tous ces vers ridicules & dans cent autres, l'Auteur n'a pas dit ce qu'il vouloit faire entendre. On eſt ſujet à ce défaut, quand on ne ſait pas ſa langue; & on ne ſait pas ſa langue, quand on n'a jamais étudié, quand on a peu lu, quand on s'eſt imaginé qu'avec quelque eſprit on ſuppléoit à tout, & qu'on pouvoit entreprendre des Ouvrages qui demandent du génie, de la chaleur, & plus d'un talent.

FIN.